EXTRADICKER RÄTSELSPASS

für Fußballfans

TESSLOFF

Bildausschnitte finden

Kannst du die kleinen Ausschnitte im großen Bild wiederfinden?
Verbinde sie mit Linien!

Von Punkt zu Punkt

Wer holt hier zum Torschuss aus?
Verbinde die Punkte von 1 bis 80!

Malen nach Symbolen

Was passiert denn hier gerade?
Male die Felder in den angegebenen Farben aus!

△	Gelb	□	Blau	▷	Hellgrün	✕ Rot
★	Rosa	■	Schwarz	▶	Grün	▲ Orange

Labyrinth

Ben und Leo haben den Ball ins Labyrinth geschossen!
Auf welchem Weg ist er hier durchgerollt?

Pokalpaare finden

Nur ein Pokal in jeder Reihe passt zu dem Original.
Schau genau und kreise ein!

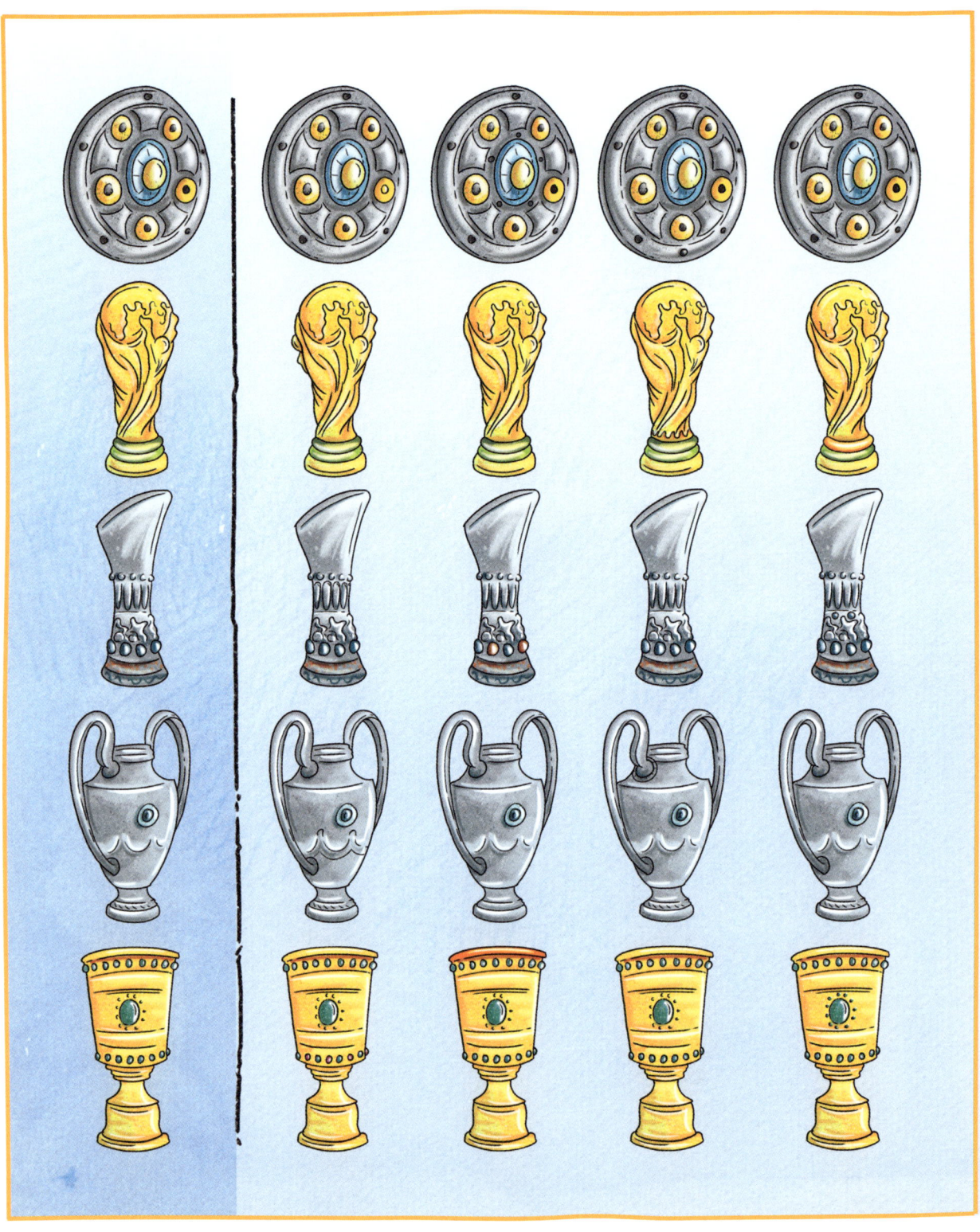

Von Punkt zu Punkt

Was trainiert Anton hier?
Verbinde die Punkte von 1 bis 80!

Von Punkt zu Punkt

Was kann Damian besonders gut?
Verbinde die Punkte von 1 bis 80!

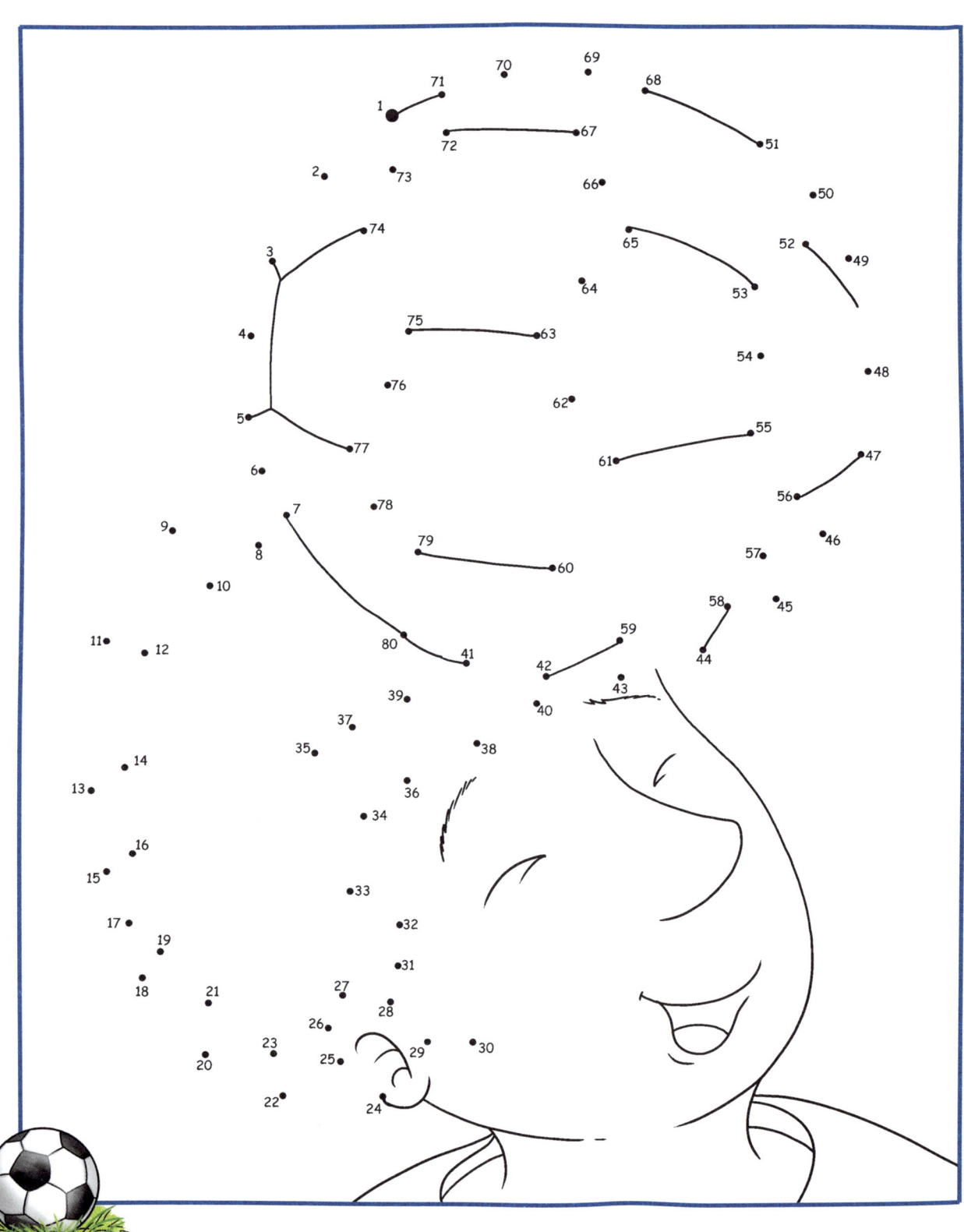

Malen nach Symbolen

Jubelt David oder ärgert er sich?
Male die Felder in den angegebenen Farben aus!

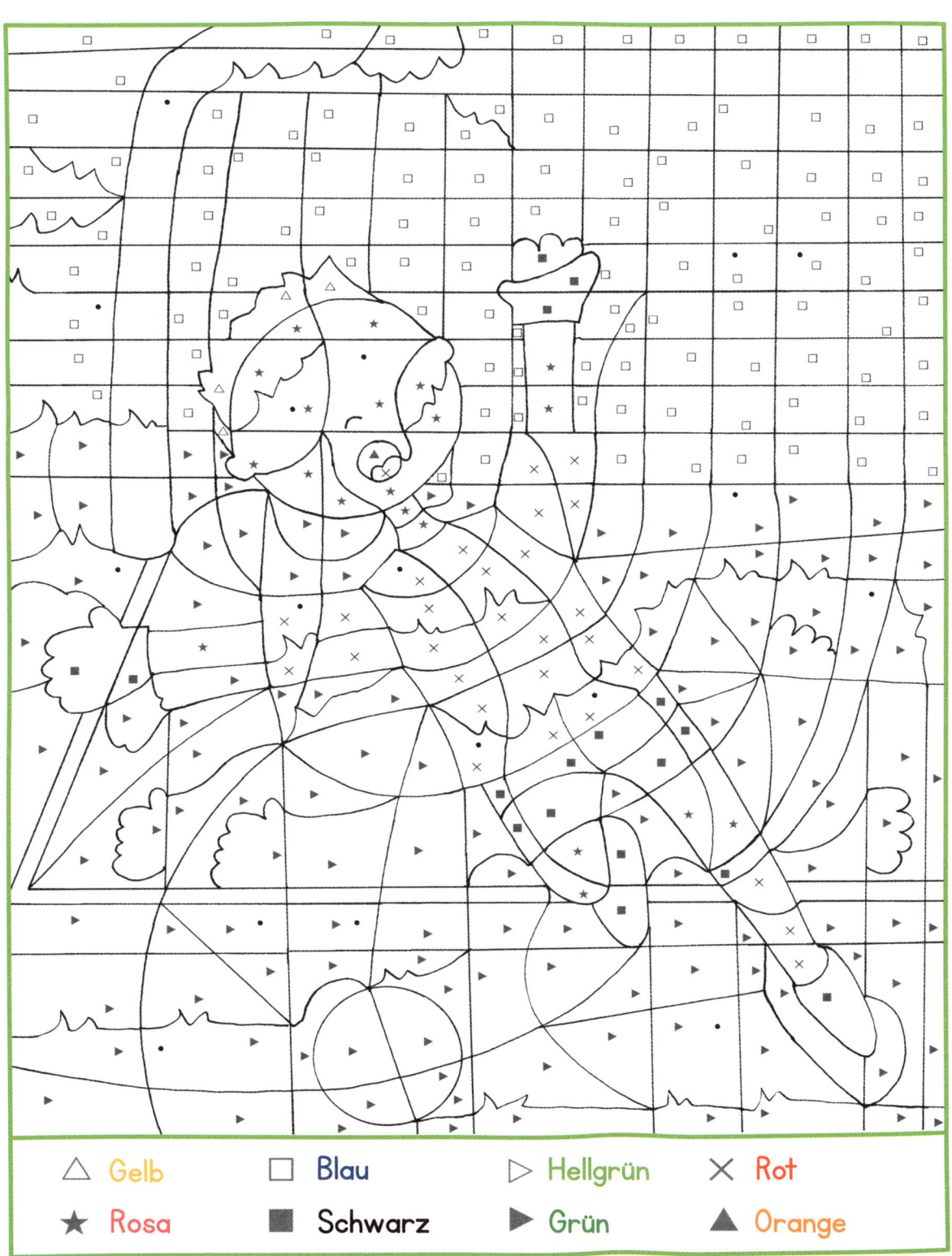

△ Gelb	□ Blau	▷ Hellgrün	✕ Rot
★ Rosa	◼ Schwarz	▶ Grün	▲ Orange

Von Punkt zu Punkt

9 ▶

Jakobs Mannschaft hat das Turnier gewonnen.
Verbinde die Punkte von 1 bis 80 und sieh dir den Pokal an!

Labyrinth

Max sammelt alle Bälle seiner Mannschaft ein. Die Bälle mit dem gleichen Muster zeigen dir den Weg zur Ballkiste!

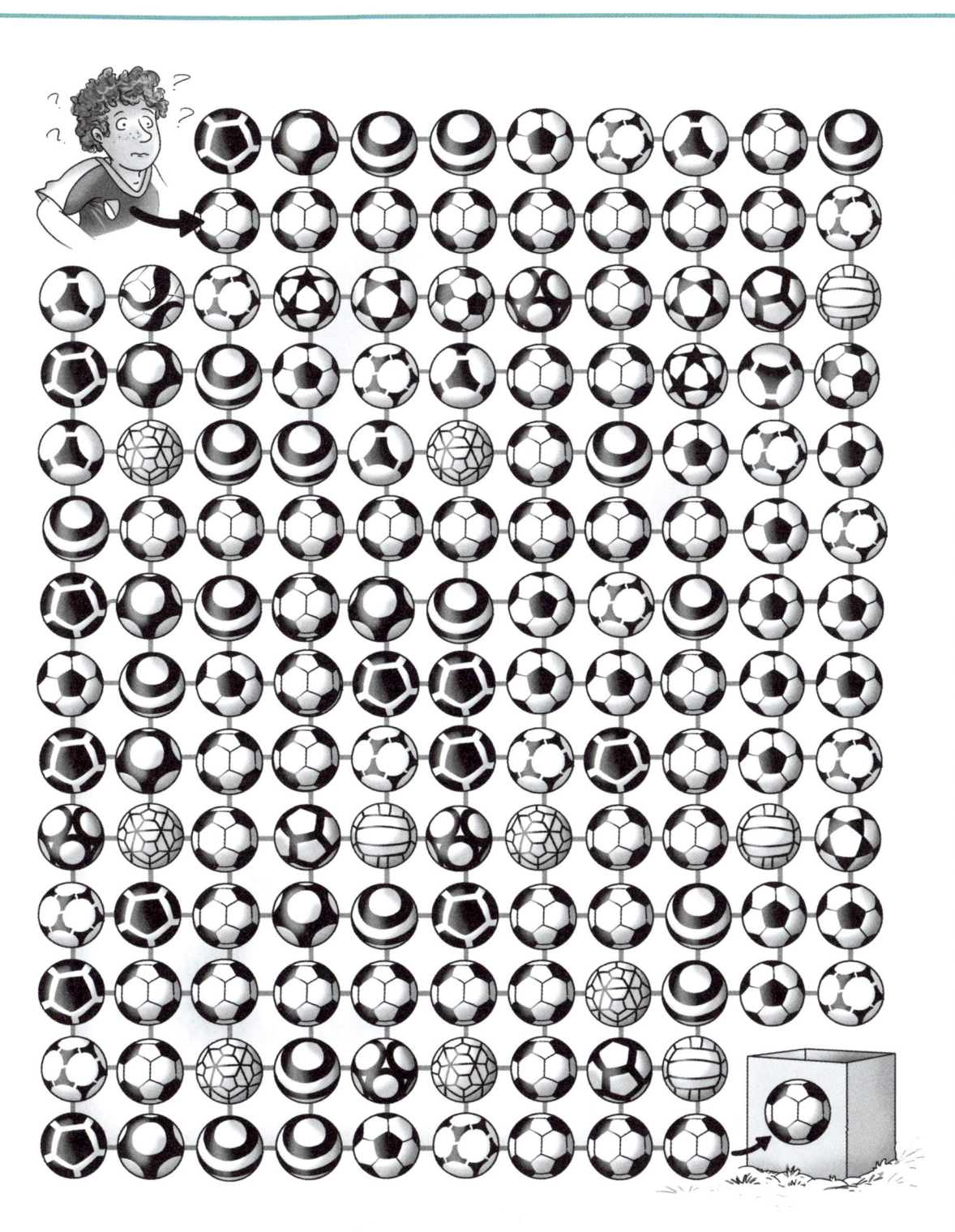

Von Punkt zu Punkt

Ein super Keeper! Verbinde die Punkte von 1 bis 80!

Foto-Paar finden

So sehen Sieger aus! Zur Erinnerung wurden Siegerfotos geknipst.
Zwei sehen genau gleich aus. Kreise sie ein!

Malen nach Symbolen

Wer ist zur Unterstützung der Kicker mitgekommen?
Male die Felder in den angegebenen Farben aus!

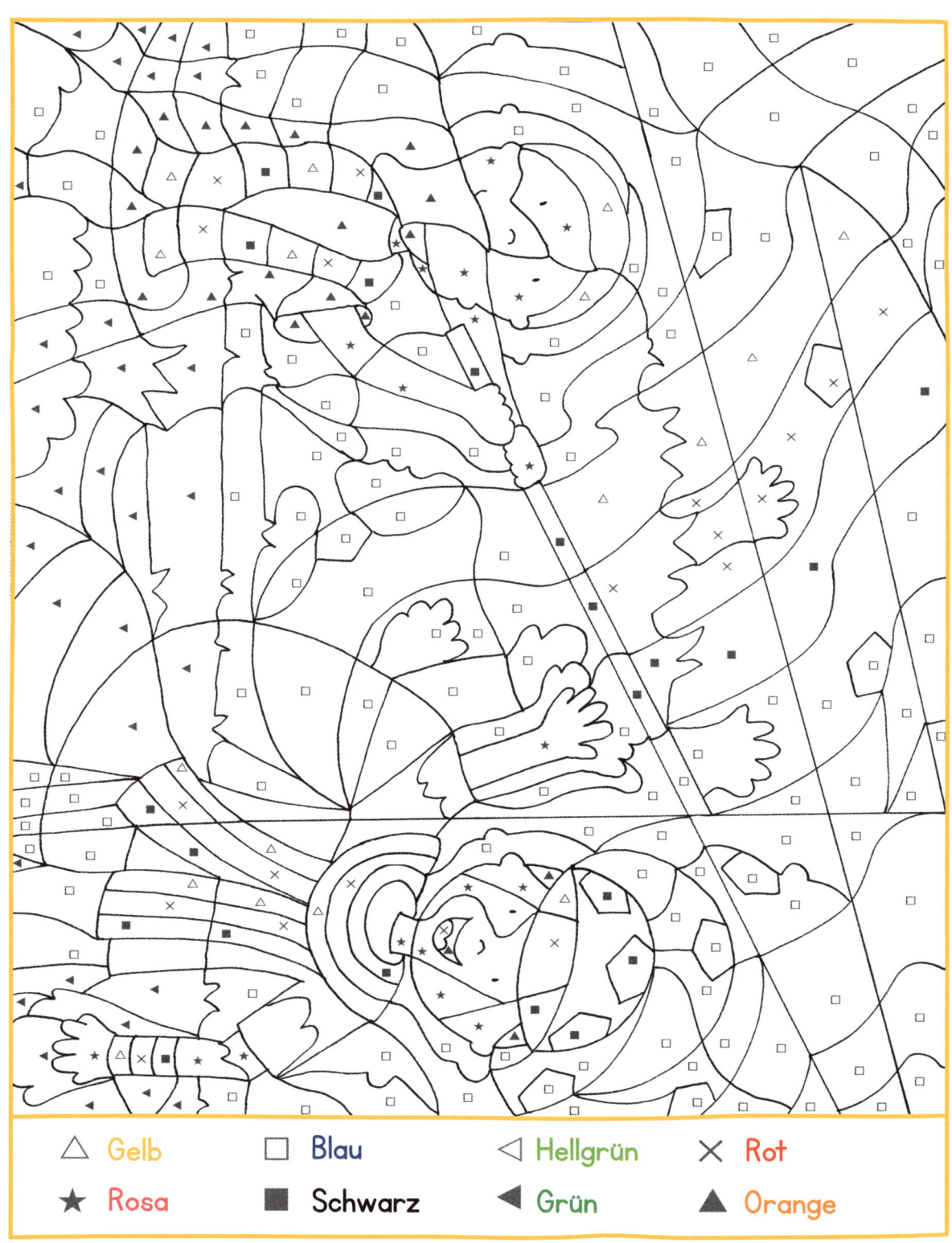

△ Gelb	□ Blau	◁ Hellgrün	✕ Rot
★ Rosa	◼ Schwarz	◀ Grün	▲ Orange

Von Punkt zu Punkt

Was passiert hier auf dem Bolzplatz?
Verbinde die Punkte von 1 bis 90!

Von Punkt zu Punkt

Trainer Flo erklärt gerade seine neue Strategie.
Verbinde die Punkte von 1 bis 90!

Malen nach Symbolen

Welche Situation versteckt sich hinter diesem Wirrwarr?
Male die Flächen in den angegebenen Farben aus!

△ Gelb	☐ Blau	▷ Hellgrün	✕ Rot
★ Rosa	◼ Schwarz	▶ Grün	▲ Orange

Von Punkt zu Punkt

Der Torwart ist stinksauer. Nun hängt wieder alles von ihm ab.
Wer fordert ihn heraus? Verbinde die Punkte von 1 bis 110!

Malen nach Symbolen

Alle freuen sich riesig! Aber warum?
Male die Flächen in den angegebenen Farben aus!

△	Gelb	□	Blau	▷	Hellgrün	✕	Rot
★	Rosa	■	Schwarz	▶	Grün	▲	Orange

Von Punkt zu Punkt

Wer steht hier am Spielfeldrand?
Verbinde die Punkte von 1 bis 90!

Unterschiede finden

Hier sind 12 Unterschiede versteckt.
Findest du alle? Kreise sie ein!

Von Punkt zu Punkt

Um welche Standardsituation handelt es sich hier?
Verbinde die Punkte von 1 bis 100!

Labyrinth

Linker Schuh, rechter Schuh...
Welche Schuhe gehören zu einem Paar zusammen?

Bildausschnitte finden

Findest du die sechs Ausschnitte im großen Bild wieder?
Kreise sie ein!

Von Punkt zu Punkt

Schau mal, wie sich Jonas im Tor macht!
Verbinde die Punkte von 1 bis 100!

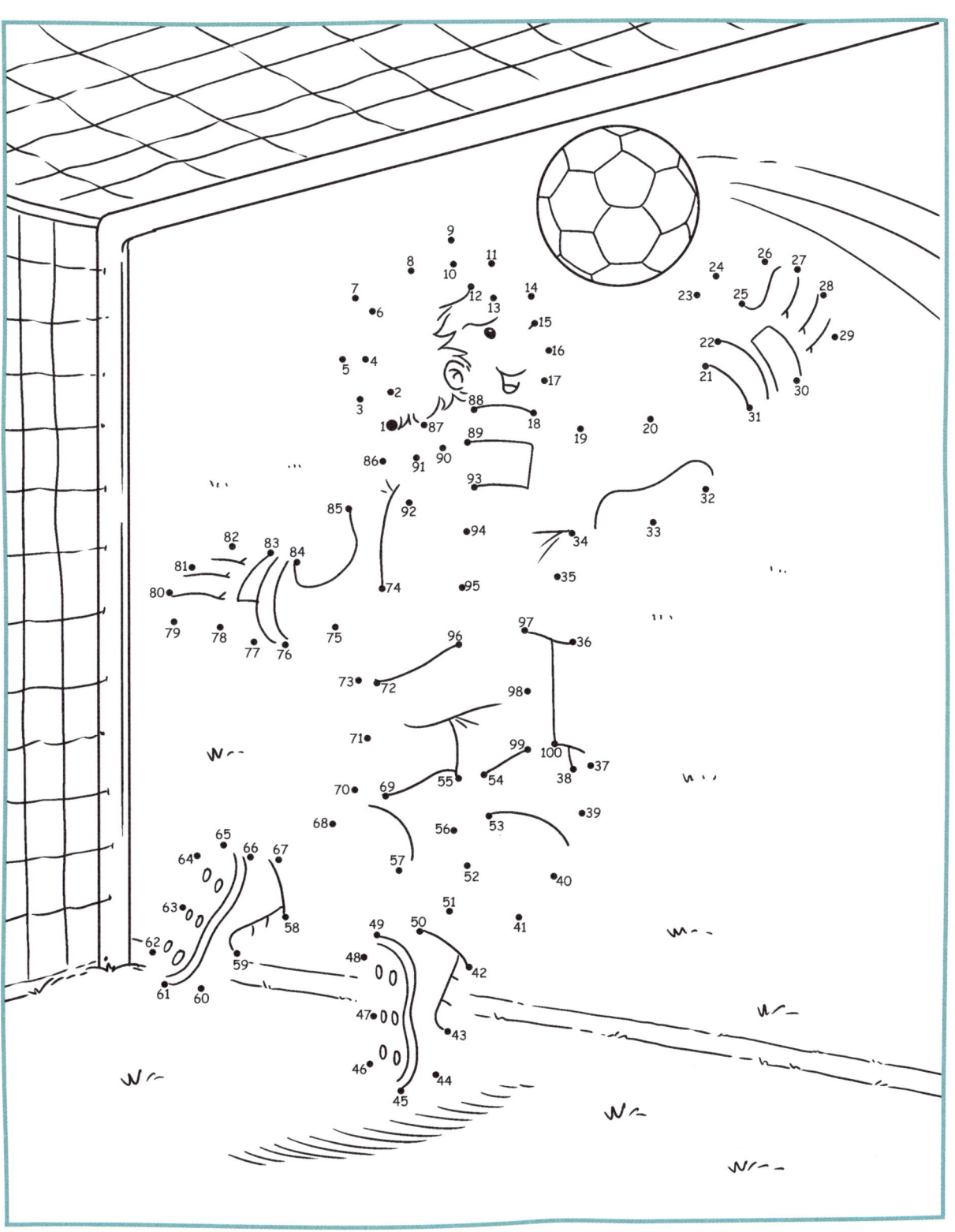

Von Punkt zu Punkt

Sophie zeigt vollen Einsatz.
Verbinde die Punkte von 1 bis 100 und sieh selbst!

Labyrinth

Welchen Weg nimmt der Ball, den Luca hier loskickt?

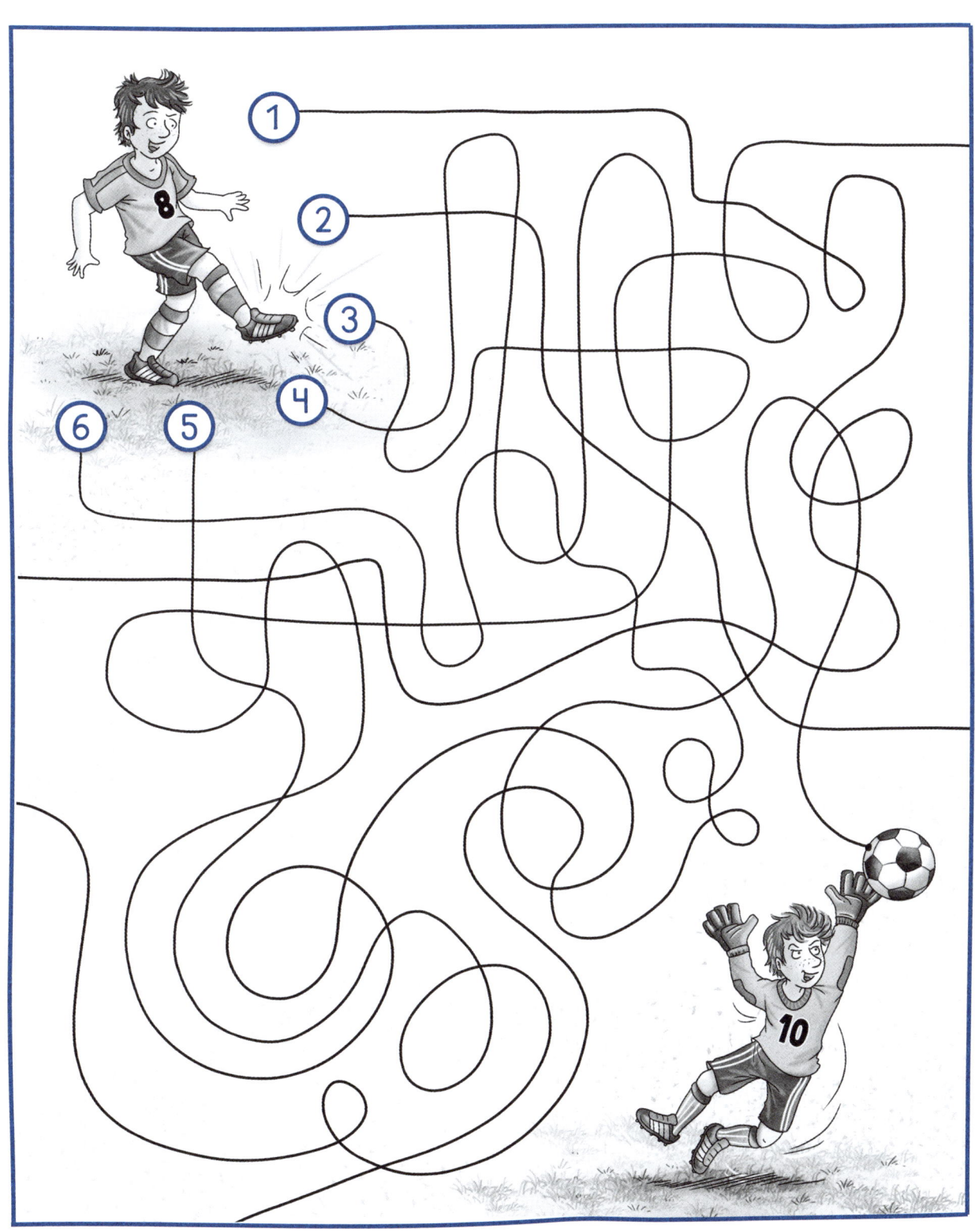

Paare finden

Toni hat alle Schuhe seiner Mannschaft durcheinandergebracht.
Findest du drei zusammengehörende Paare? Kreise sie ein!

Von Punkt zu Punkt

Wer kommt hier aus der Puste?
Verbinde die Punkte von 1 bis 100!

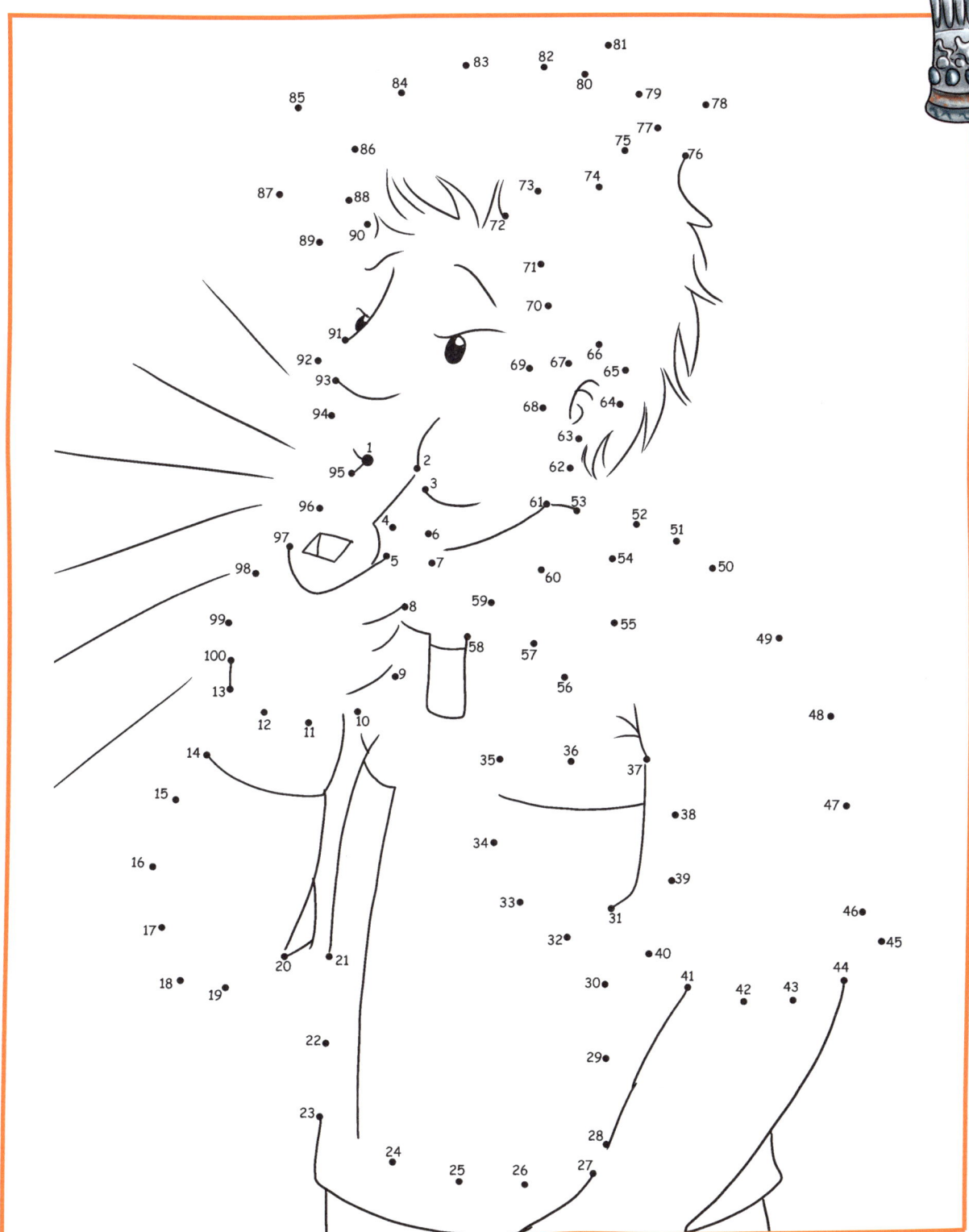

Malen nach Symbolen

Male die Felder in den angegebenen Farben aus!
Wer trainiert hier?

△ Gelb	▢ Blau	▷ Hellgrün	✕ Rot
★ Rosa	▪ Schwarz	▶ Grün	▲ Orange

Von Punkt zu Punkt

Welche beiden bekannten Fußball-Pokale entdeckst du?
Verbinde die Punkte von 1 bis 110!

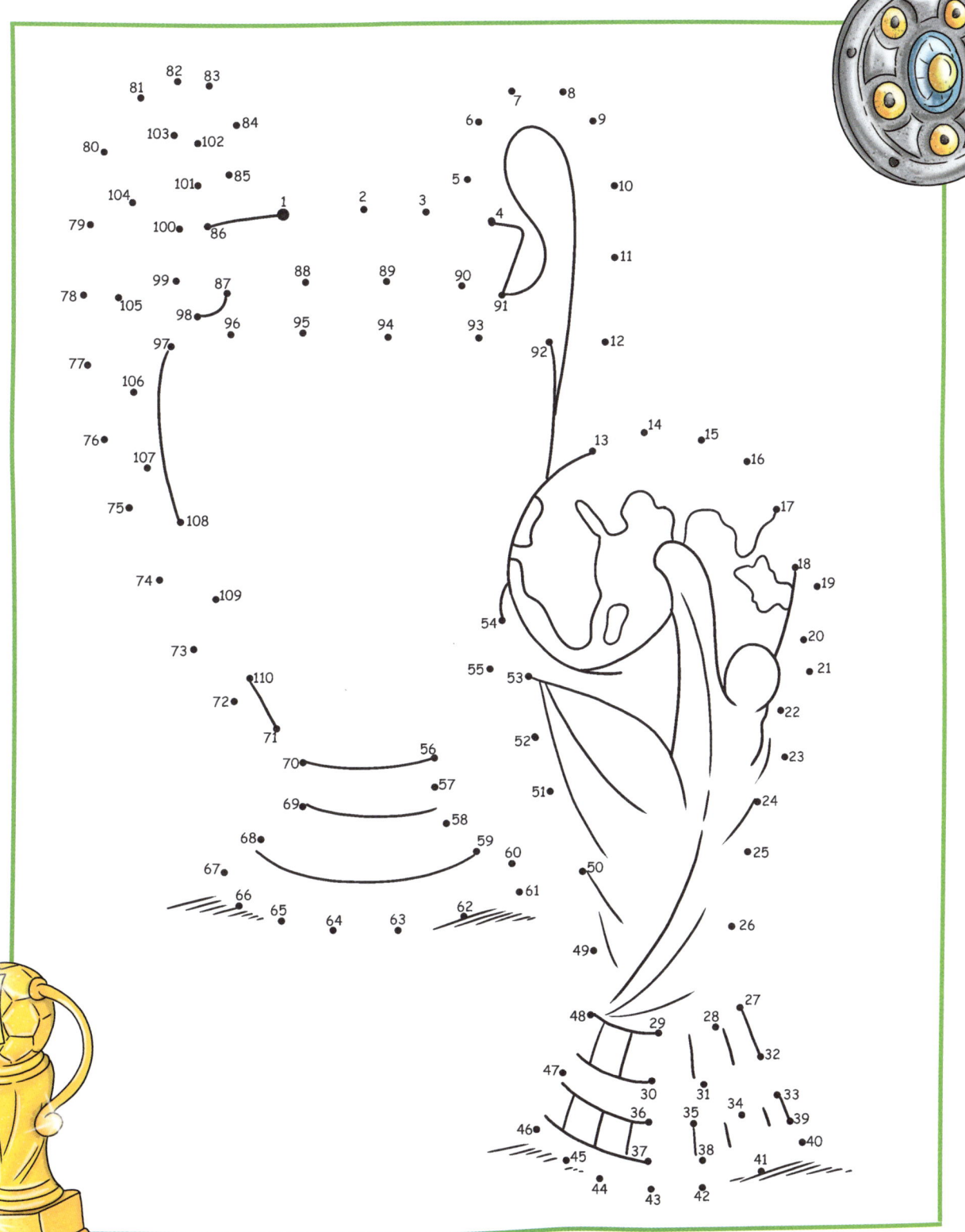

Von Punkt zu Punkt

Sei dabei, wenn Leon diesen Kopfball annimmt!
Verbinde dazu die Punkte von 1 bis 110!

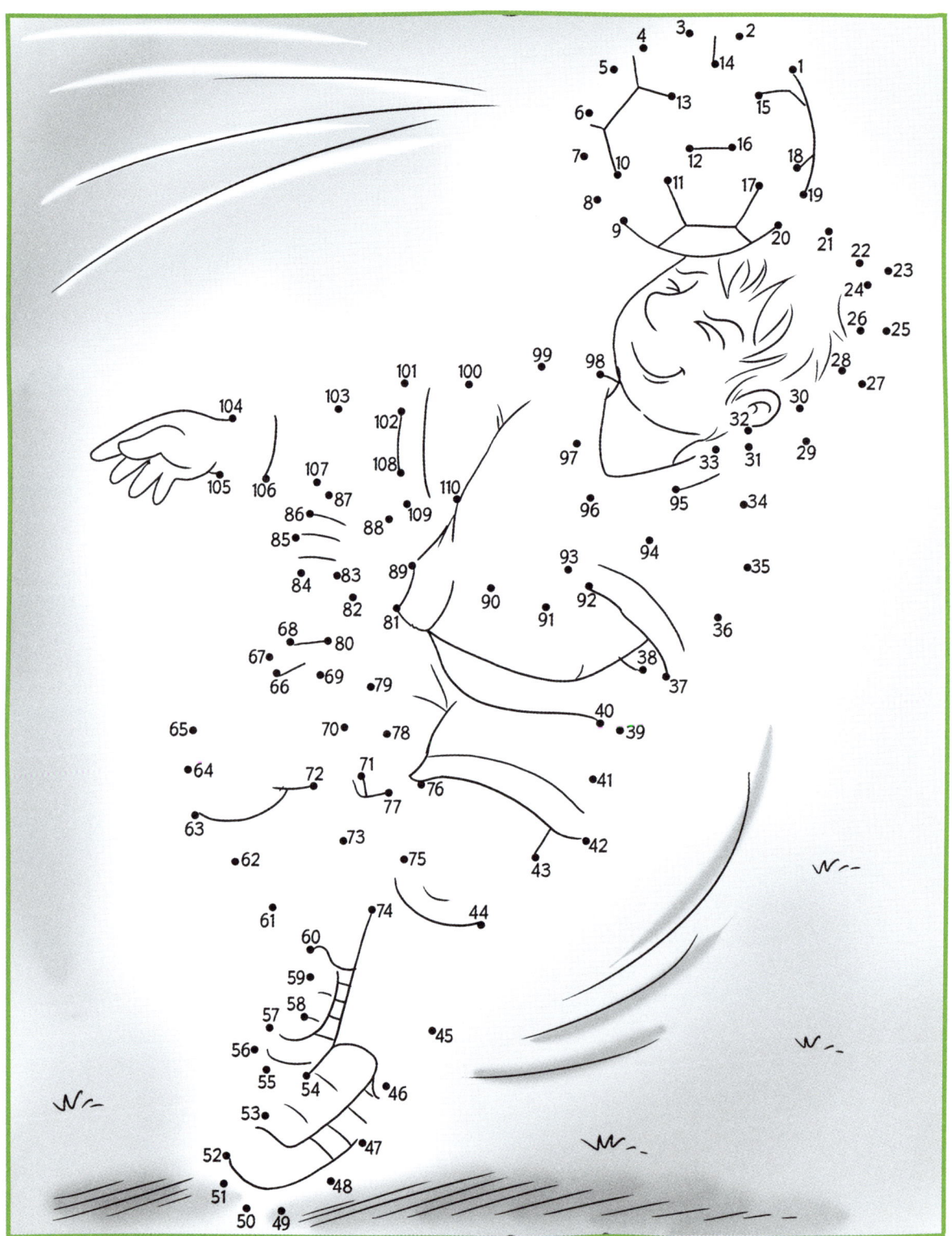

Labyrinth

Paul und Noah staunen über den riesigen Kegel-Parcours.
Folge den Hütchen mit zwei weißen Streifen!

Labyrinth

Finde den richtigen Weg durch das Labyrinth und
hol dir einen Fußballtitel!

Von Punkt zu Punkt

Fühle dich wie ein großer Fußball-Champion!
Verbinde die Punkte von 1 bis 110!

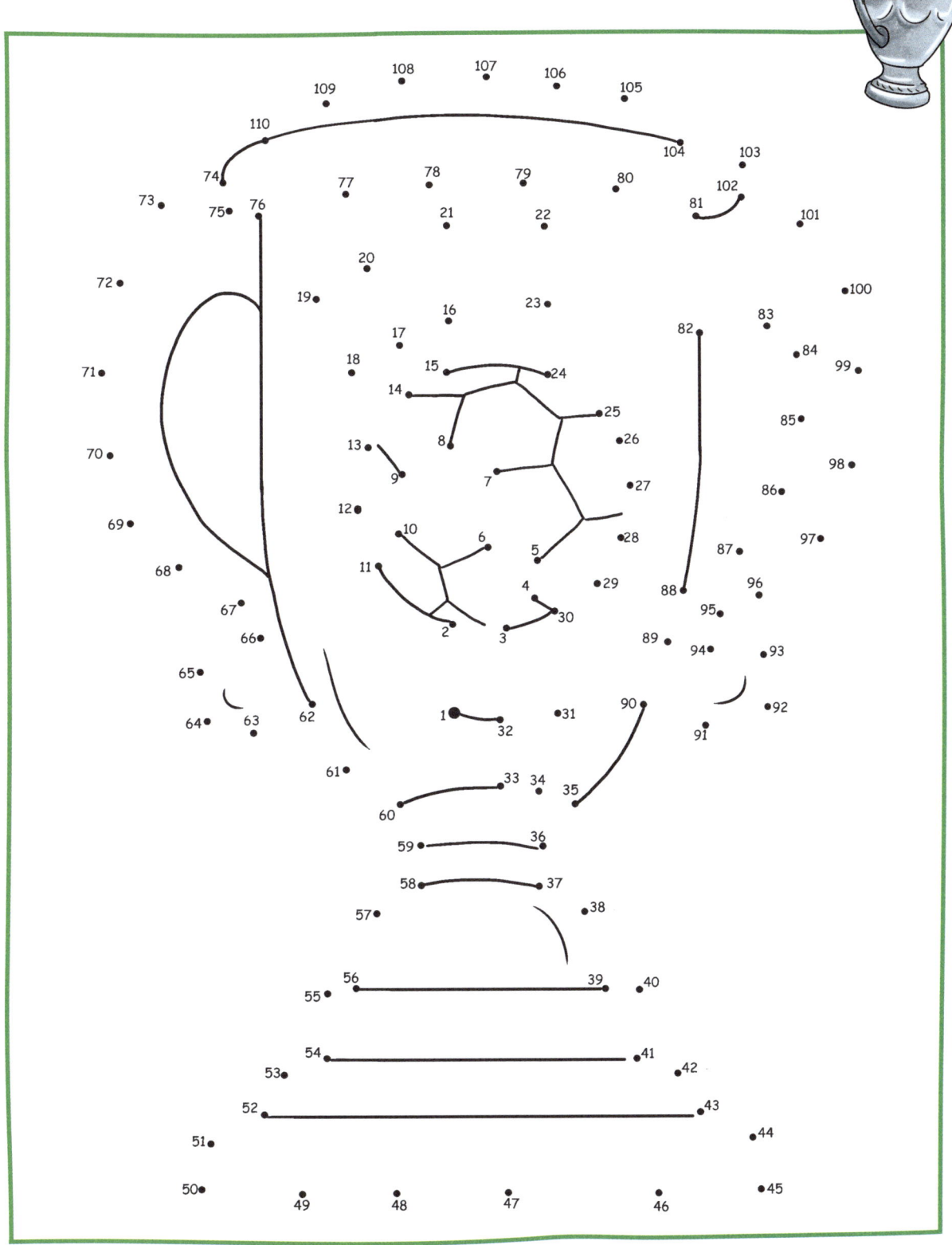

Von Punkt zu Punkt

Verbinde die Punkte von 1 bis 120 und sieh dir die spannende
Szene an, die sich gerade vor dem Tor abspielt!

Ausmalen

Male die Trikots in den Farben deiner Lieblingsmannschaft aus!

Unterschiede finden

Im rechten Bild sind 12 Unterschiede versteckt.
Findest du sie alle?

Von Punkt zu Punkt

Was trainiert Elias hier?
Verbinde die Punkte von 1 bis 120!

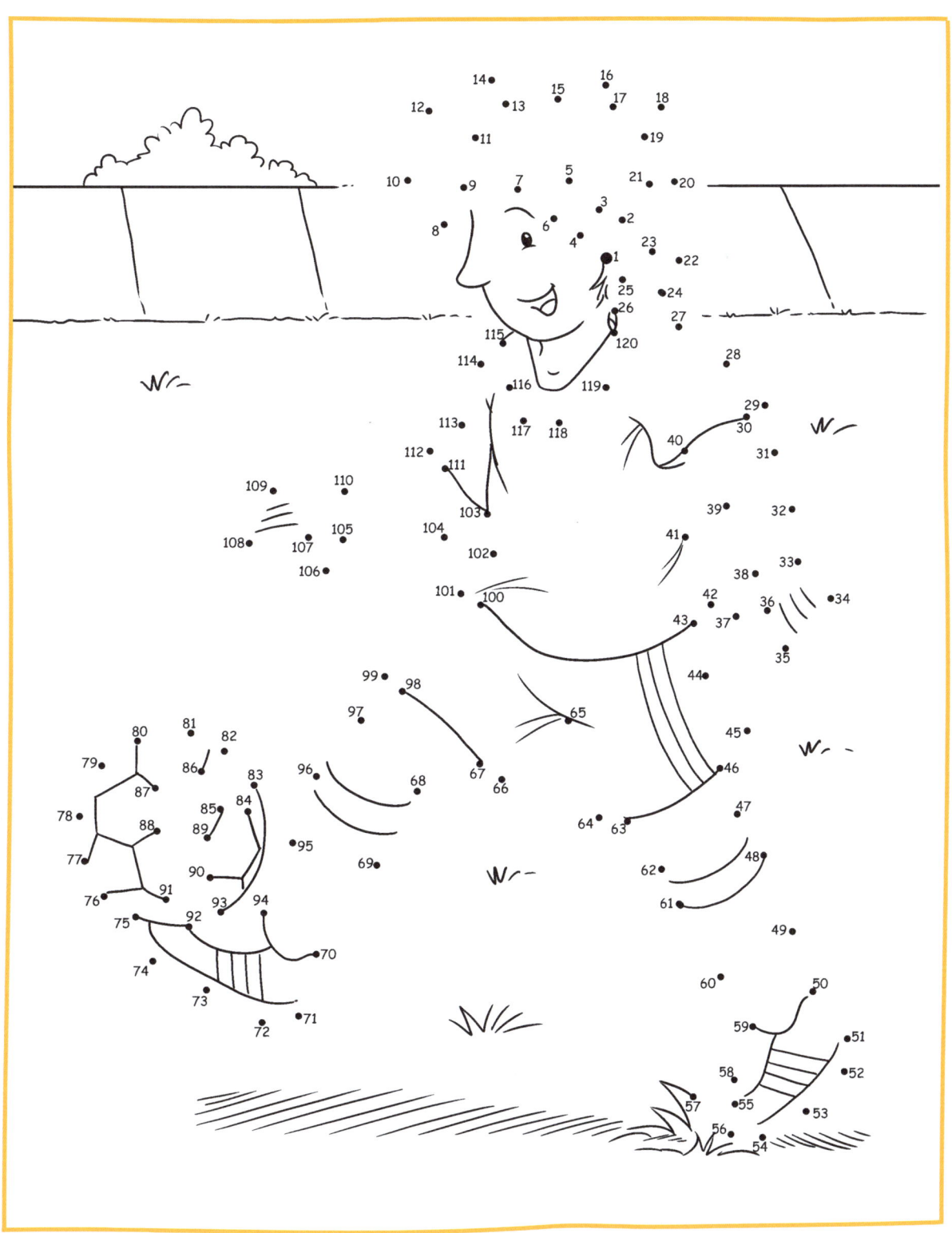

Von Punkt zu Punkt

Von wem möchte Anton noch schnell ein Erinnerungsfoto?
Verbinde die Punkte von 1 bis 100!

Fehler finden

In jedem der drei Schattenbilder sind zwei Fehler versteckt.
Hast du den analytischen Blick dafür? Kreise sie ein!

Buchstaben-Labyrinth

Folge den Linien und trage die Buchstaben in die Kästchen ein!
Es entstehen zwei Begriffe aus dem Fußballwortschatz.

Von Punkt zu Punkt

Was macht Felix hier?
Verbinde die Punkte von 1 bis 120!

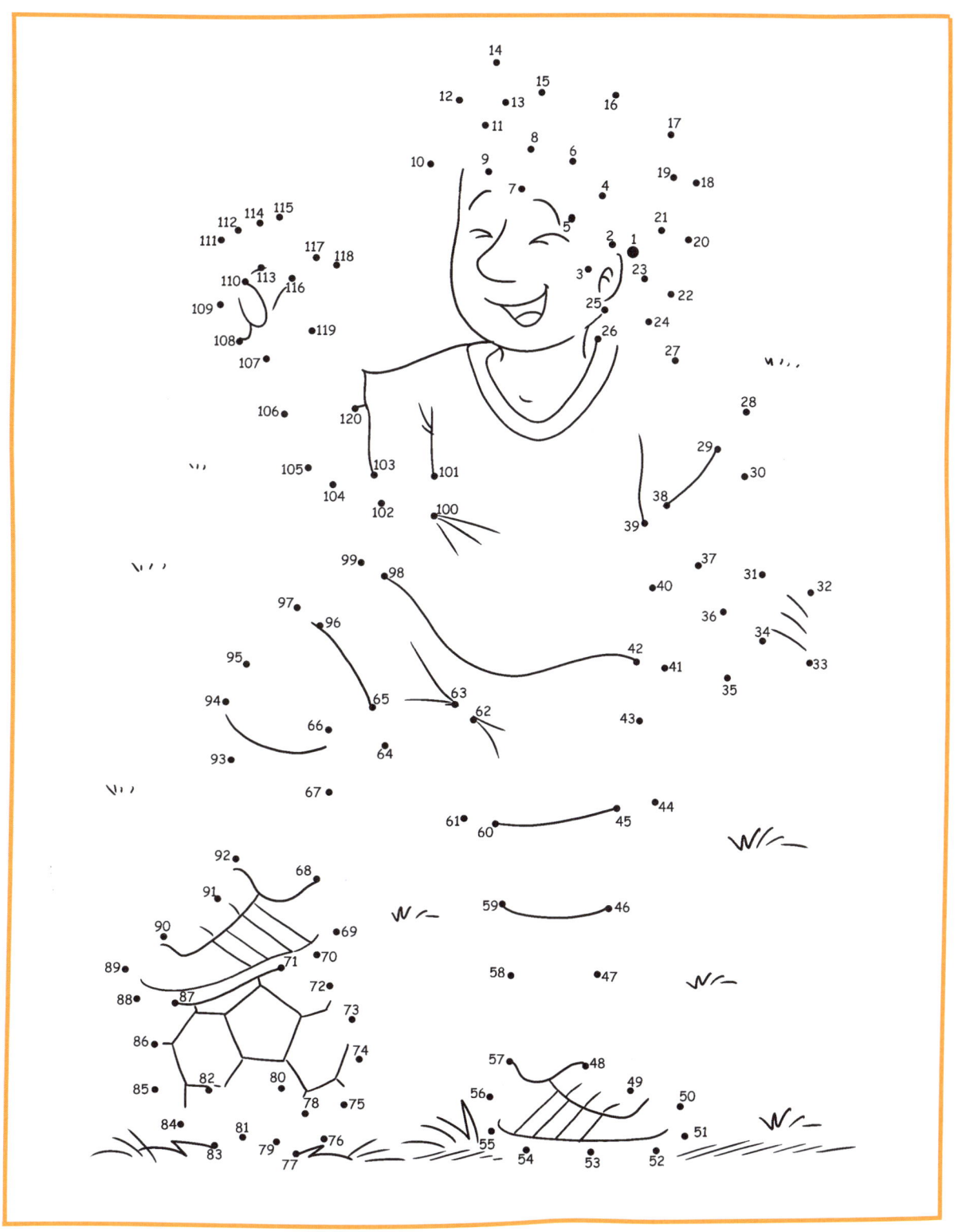

Von Punkt zu Punkt

Huch, was ist hier passiert? Warum hebt Liam die Hand?
Verbinde die Punkte von 1 bis 120!

Malen nach Symbolen

Welche Fußballszene verbirgt sich hinter dem Wirrwarr?
Male die Felder in den angegebenen Farben aus!

△ Gelb	☐ Blau	▷ Hellgrün	✕ Rot
★ Rosa	◼ Schwarz	▶ Grün	▲ Orange

Von Punkt zu Punkt

Welche Aufgabe hat Oskar heute im Fußballtraining?
Verbinde die Punkte von 1 bis 130!

Unterschiede finden

Im unteren Bild sind 12 Fehler versteckt.
Findest du sie alle? Kreise sie ein!

Von Punkt zu Punkt

Das könnte gefährlich werden, so nah am Tor!

Verbinde auf jeder Seite die Punkte von 1 bis 150!

Malen nach Symbolen

Finde heraus, wer hier am Kicken ist!
Male die Felder in den angegebenen Farben aus!

△	Gelb	□	Blau	▷	Hellgrün	✕ Rot
★	Rosa	■	Schwarz	▶	Grün	▲ Orange

Von Punkt zu Punkt

Emil und Finn im Zweikampf: Wer gewinnt?
Verbinde die Punkte von 1 bis 130!

Von Punkt zu Punkt

Kann Xaver Robin den Ball abluchsen?
Verbinde die Punkte von 1 bis 130!

Wortgitter

Finde die passenden Begriffe zu den Bildern im Buchstaben-
Durcheinander und kreise sie ein!

A	S	D	F	G	H	J	W	Q	Y	X
P	O	K	A	L	X	W	B	X	S	Q
E	R	T	Z	U	I	O	A	P	C	L
W	Y	X	C	V	B	W	L	N	H	W
K	O	P	F	B	A	L	L	X	I	R
X	E	R	T	Z	U	I	O	V	E	T
T	V	B	E	X	E	R	R	R	D	R
R	D	F	C	G	H	J	S	W	S	I
I	Q	W	K	R	T	Z	T	U	R	L
K	G	H	F	J	K	L	A	X	I	L
O	A	S	A	S	S	C	D	H	C	E
T	W	Y	H	X	C	V	I	B	H	R
Q	E	E	N	R	T	Z	O	Y	T	P
S	S	C	E	E	W	S	N	D	E	F
D	F	G	H	H	J	K	L	P	R	E
P	O	I	U	Z	T	R	E	E	W	I
Q	T	O	R	W	A	R	T	Q	C	F
V	B	N	M	Q	E	R	T	Z	V	E
X	F	A	H	N	E	Y	W	A	H	Q

Von Punkt zu Punkt

Der Ball fliegt mit voller Wucht auf den Torwart zu.
Kann er ihn halten? Verbinde die Punkte von 1 bis 110!

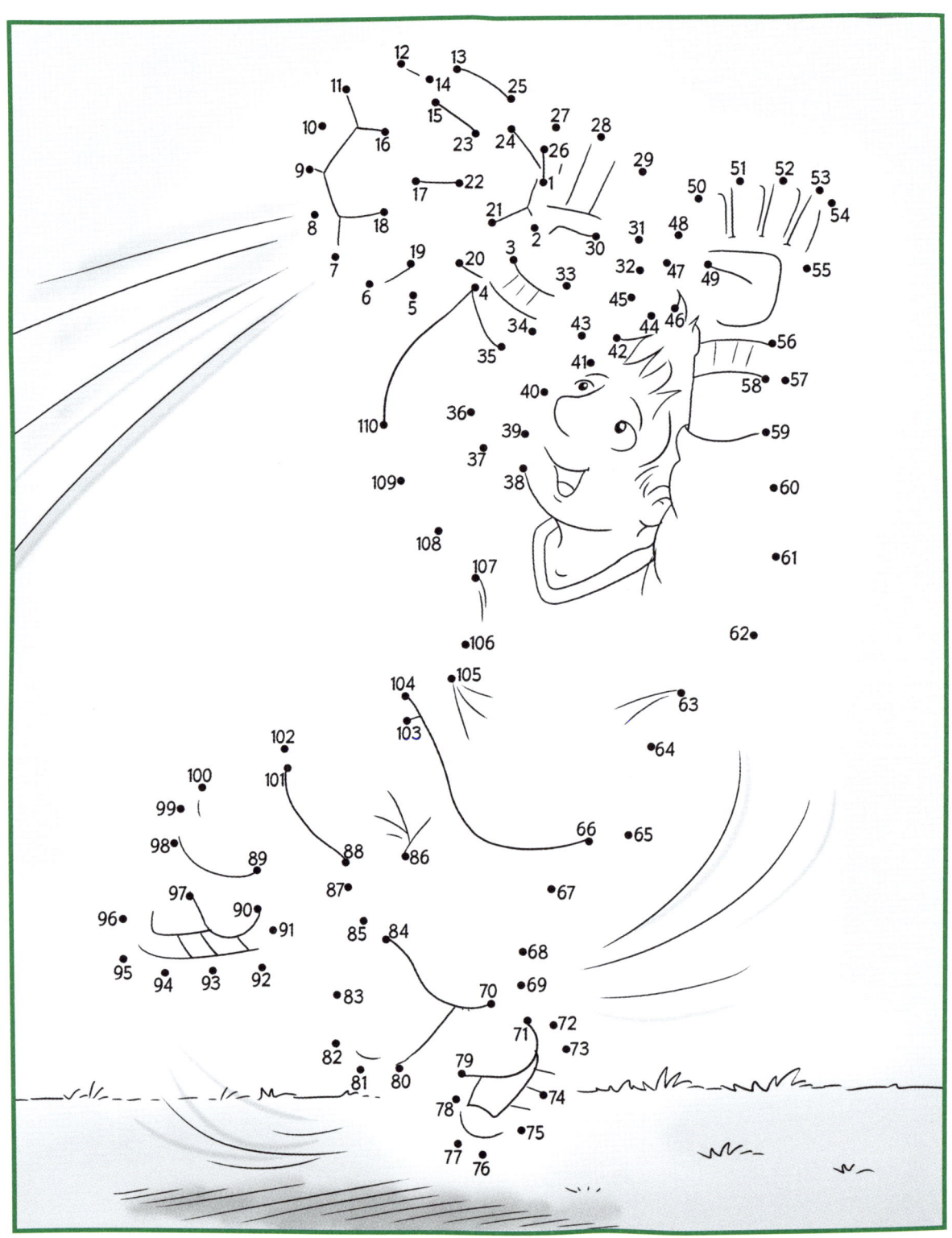

Malen nach Symbolen

Wie viele Pokale sind in dem Formen-Durcheinander versteckt?
Male die Felder in den angegebenen Farben aus!

△ Gelb	☐ Blau	▷ Hellgrün	✕ Rot
★ Rosa	◼ Schwarz	▶ Grün	▲ Orange

Malen nach Symbolen

Was wird noch schnell vor dem Spielbeginn gemacht?
Male die Felder in den angegebenen Farben aus!

△ Gelb	□ Blau	◁ Hellgrün	✕ Rot
★ Rosa	◼ Schwarz	◀ Grün	▲ Orange

Von Punkt zu Punkt

Was für ein Schuss! Verbinde die Punkte von 1 bis 130!

Von Punkt zu Punkt

Geht hier alles regelkonform zu?
Verbinde die Punkte von 1 bis 140 und entscheide selbst!

Fehler finden

Mit den Schatten der vier Fußball-Freunde stimmt was nicht.
Findest du bei jedem zwei Fehler? Markiere sie!

Klappt das Zuspiel zwischen Max und Theo?
Verbinde die Punkte von 1 bis 140!

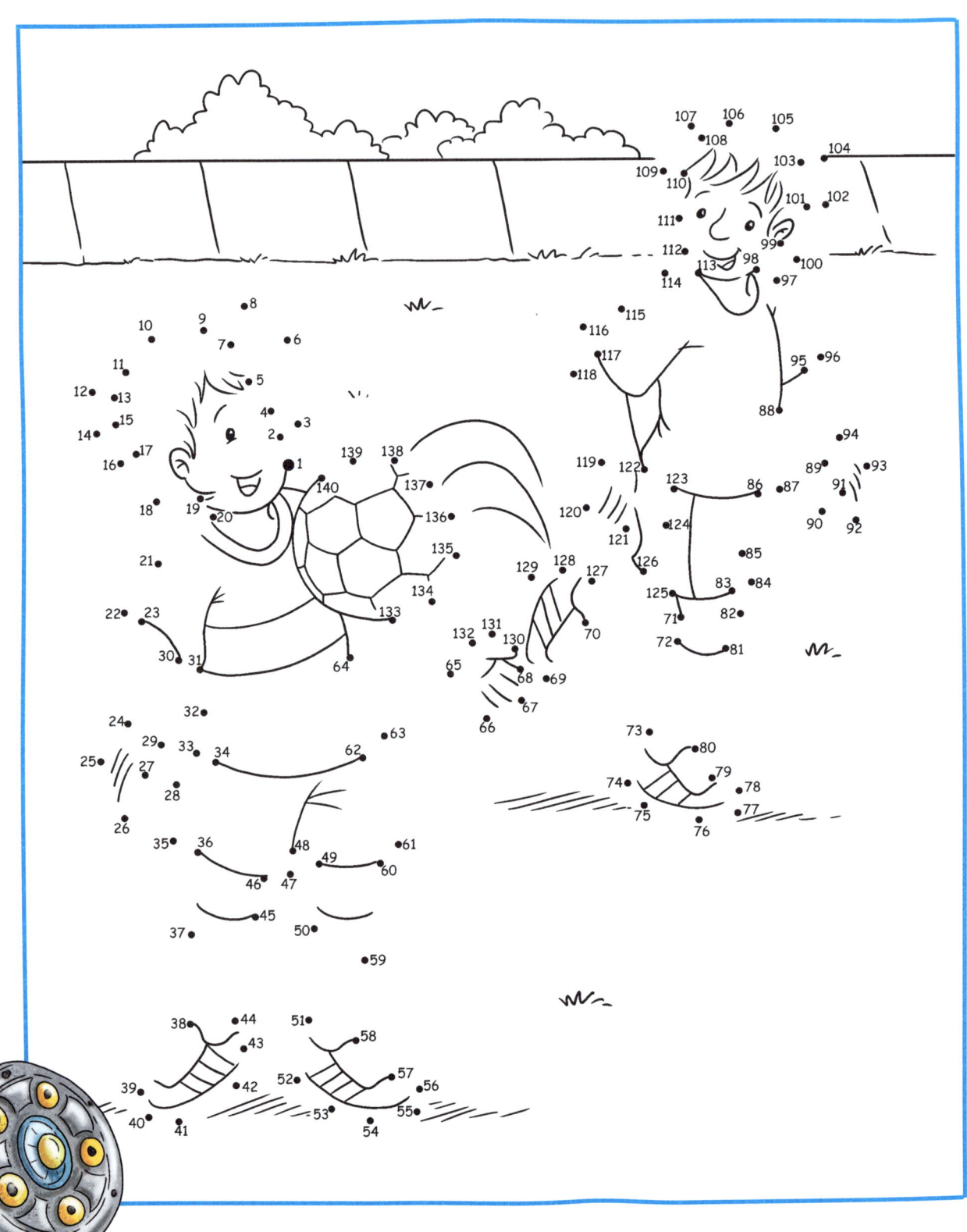

Malen nach Symbolen

Was brauchen Fußballer, um fit zu bleiben?
Male die Felder in den angegebenen Farben aus!

● Blau   ★ Rot   ■ Gelb   ▲ Grün   ○ Braun

Von Punkt zu Punkt

Warum reißen die Zuschauer die Arme hoch?

Malen nach Symbolen

Was machen die Zwei?
Male die Felder in den angegebenen Farben aus!

△ Gelb	□ Blau	◁ Hellgrün	✕ Rot	
★ Rosa	■ Schwarz	◀ Grün	▲ Orange	

Von Punkt zu Punkt

Wer ist hier voll ausgestattet und bereit für das Stadion?
Verbinde die Punkte von 1 bis 140!

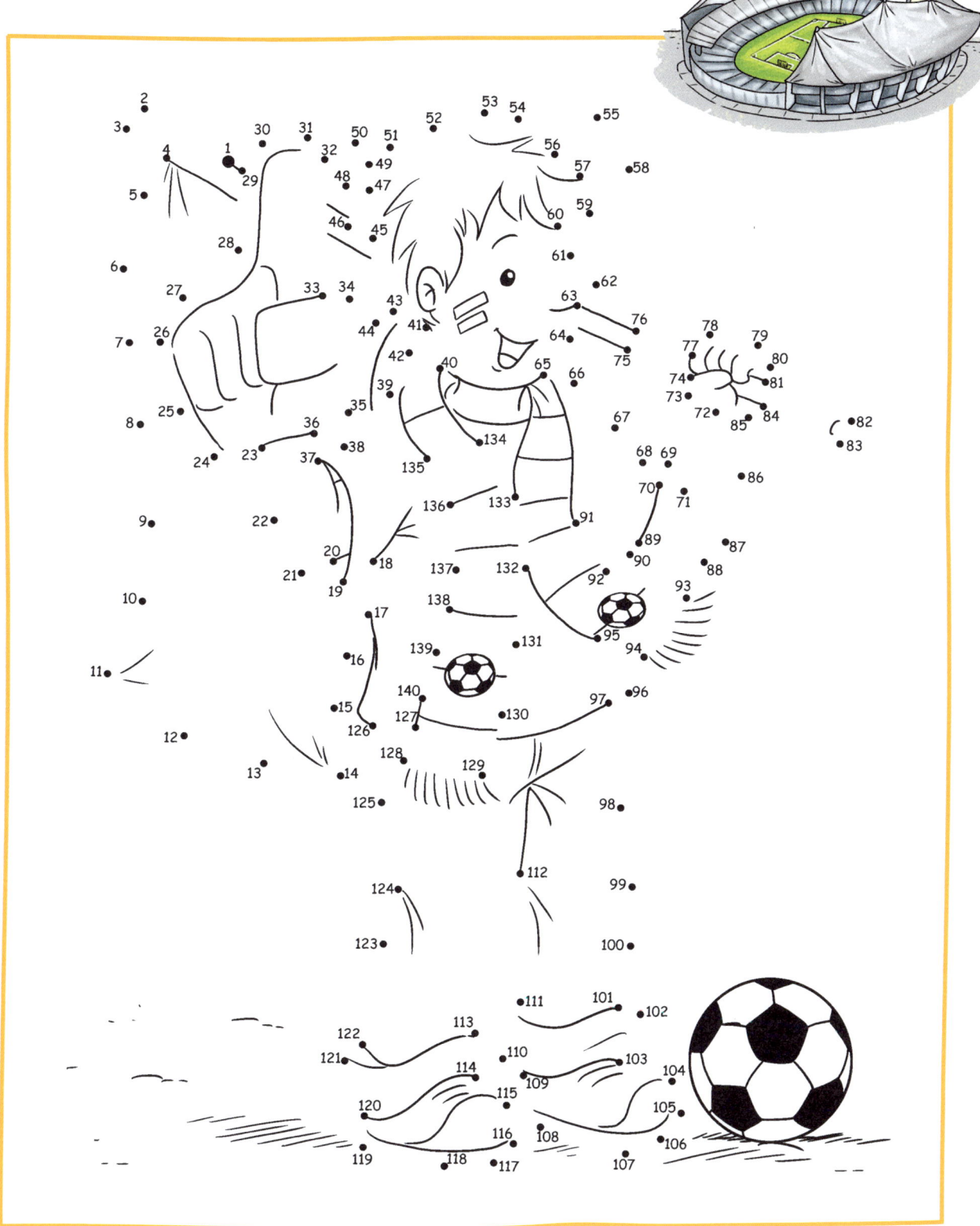

Von Punkt zu Punkt

Eine brenzlige Tor-Situation: Wer zeigt die besseren Nerven?
Verbinde die Punkte von 1 bis 150!

Rechnen

Welcher Ball muss in welches Loch geschossen werden?
Löse die Matheaufgaben und finde es heraus!

Von Punkt zu Punkt

Rund ums Spielfeld sorgt das Maskottchen für gute Laune!
Welches ist es? Verbinde die Punkte von 1 bis 150!

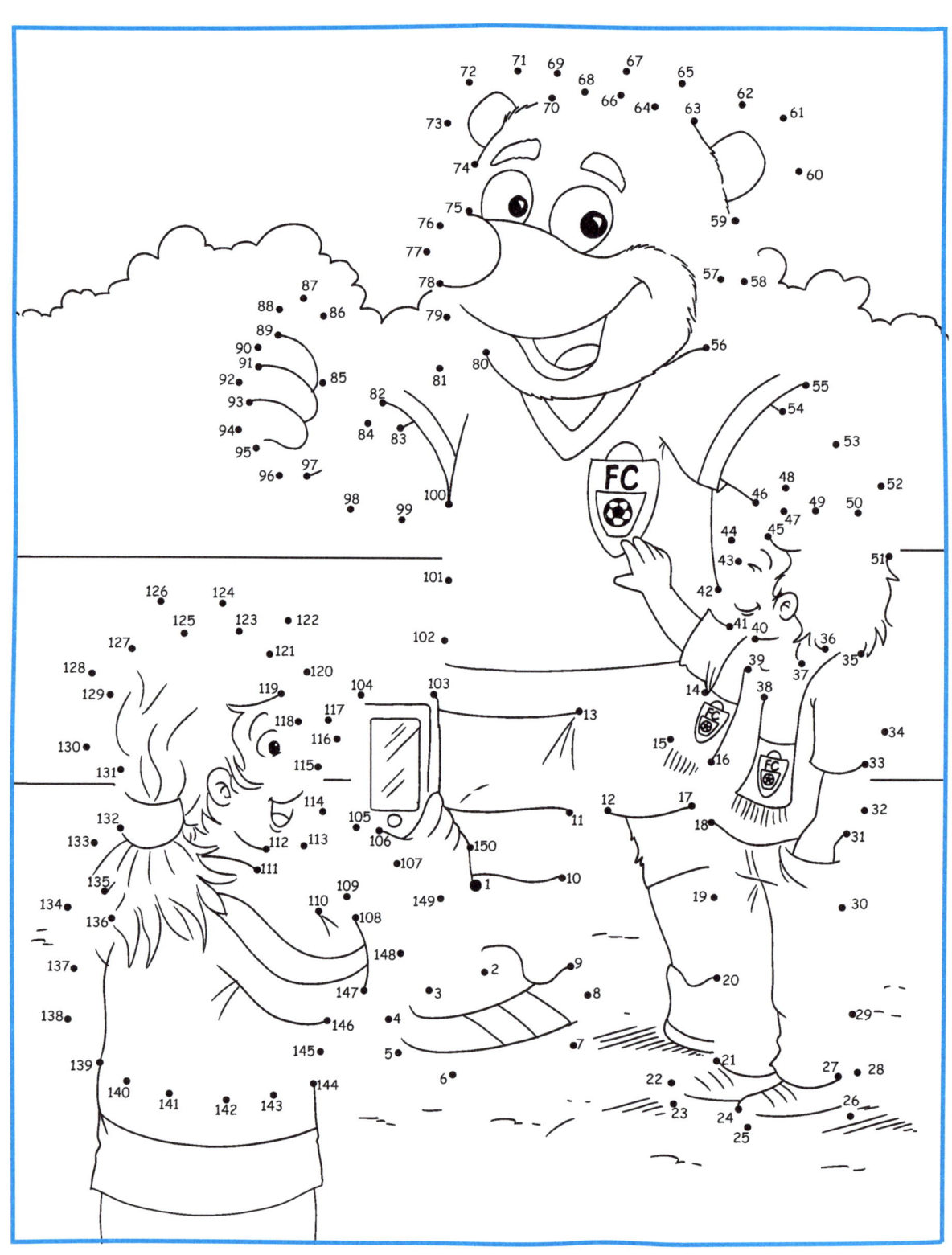

Malen nach Symbolen

Hat Samys Torschuss geklappt?
Male die Felder in den angegebenen Farben aus!

△ Gelb	☐ Blau	▷ Hellgrün	✕ Rot
★ Rosa	■ Schwarz	▶ Grün	▲ Orange

Malen nach Symbolen

Welcher Kicker verbirgt sich hinter diesem Durcheinander?
Male die Felder in den angegebenen Farben aus!

△ Gelb	☐ Blau	▷ Hellgrün	✕ Rot
★ Rosa	■ Schwarz	▶ Grün	▲ Orange

Unterschiede finden

Im unteren Bild haben sich 12 Unterschiede versteckt.
Findest du sie alle? Kreise sie ein!

Malen nach Symbolen

Der Schiedsrichter hat entschieden und Moritz ist sauer.
Male die Felder in den angegebenen Farben aus!

△ Gelb	□ Blau	◁ Hellgrün	✕ Rot
★ Rosa	◼ Schwarz	◀ Grün	▲ Orange

Von Punkt zu Punkt

Ist das Handspiel oder ist gar keine Hand im Einsatz?
Verbinde die Punkte von 1 bis 100!

Verbinde auf jeder Seite die Punkte von 1 bis 150!

Malen nach Symbolen

Oje! Warum liegt Pepe am Boden?
Male alle Felder in den angegebenen Farben aus!

△ Gelb	□ Blau	▷ Hellgrün	✕ Rot
★ Rosa	■ Schwarz	▶ Grün	▲ Orange

Unterschiede finden

Im rechten Bild sind 12 Unterschiede versteckt.
Entdeckst du alle? Kreise sie ein!

Von Punkt zu Punkt

Verbinde auf der linken Seite die Punkte von 1 bis 110 und

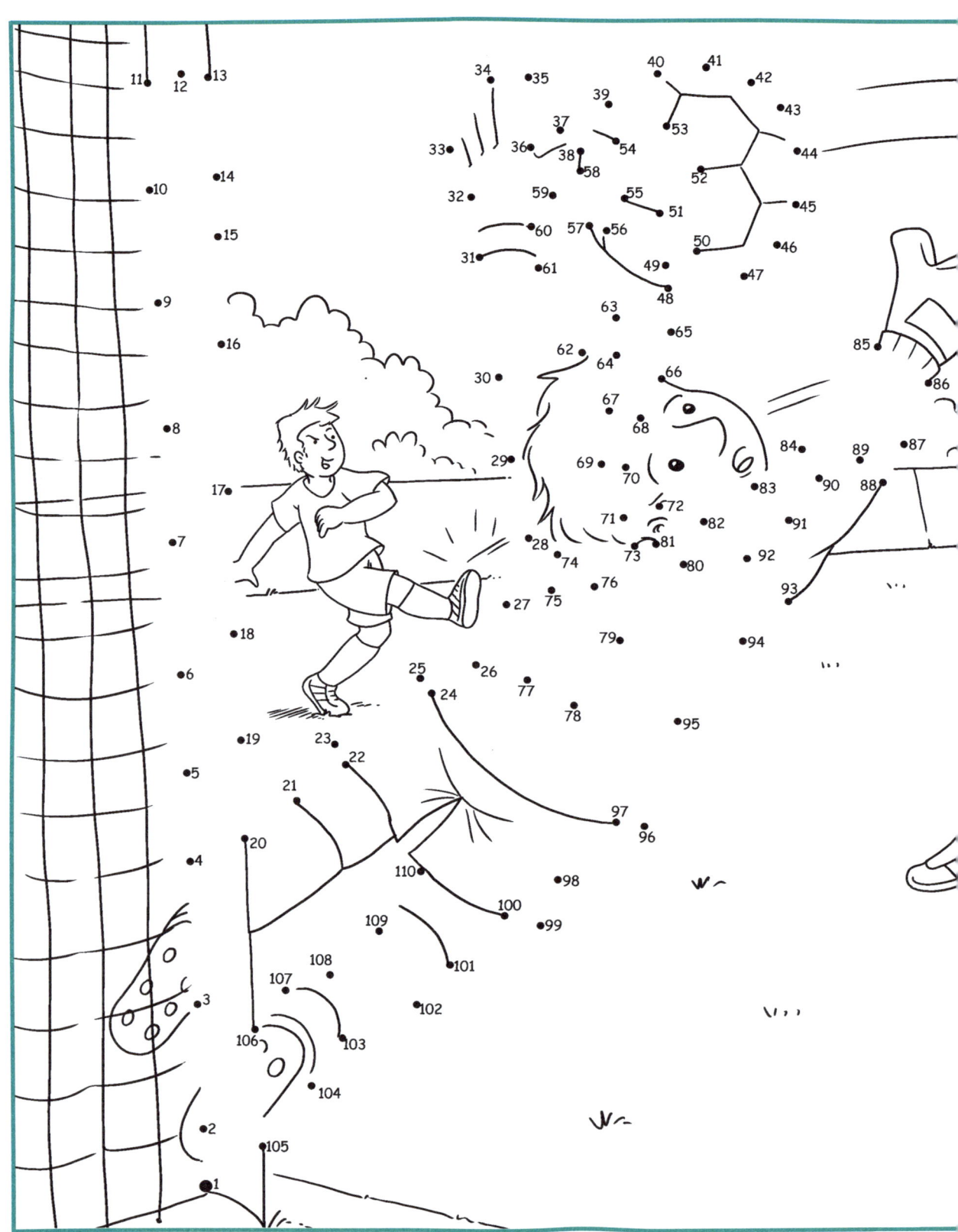

auf der rechten Seite die Punkte von 1 bis 140!

Malen nach Symbolen

In der Kabine ist alles für die Profi-Kicker vorbereitet.
Male die Felder in den vorgebenen Farben aus!

△ Gelb	□ Blau	◁ Hellgrün	✕ Rot
★ Rosa	■ Schwarz	◀ Grün	▲ Orange

Von Punkt zu Punkt

Ein Heimsiegl Das freut die kleinen und die großen Fußballfans.
Verbinde die Punkte von 1 bis 150!

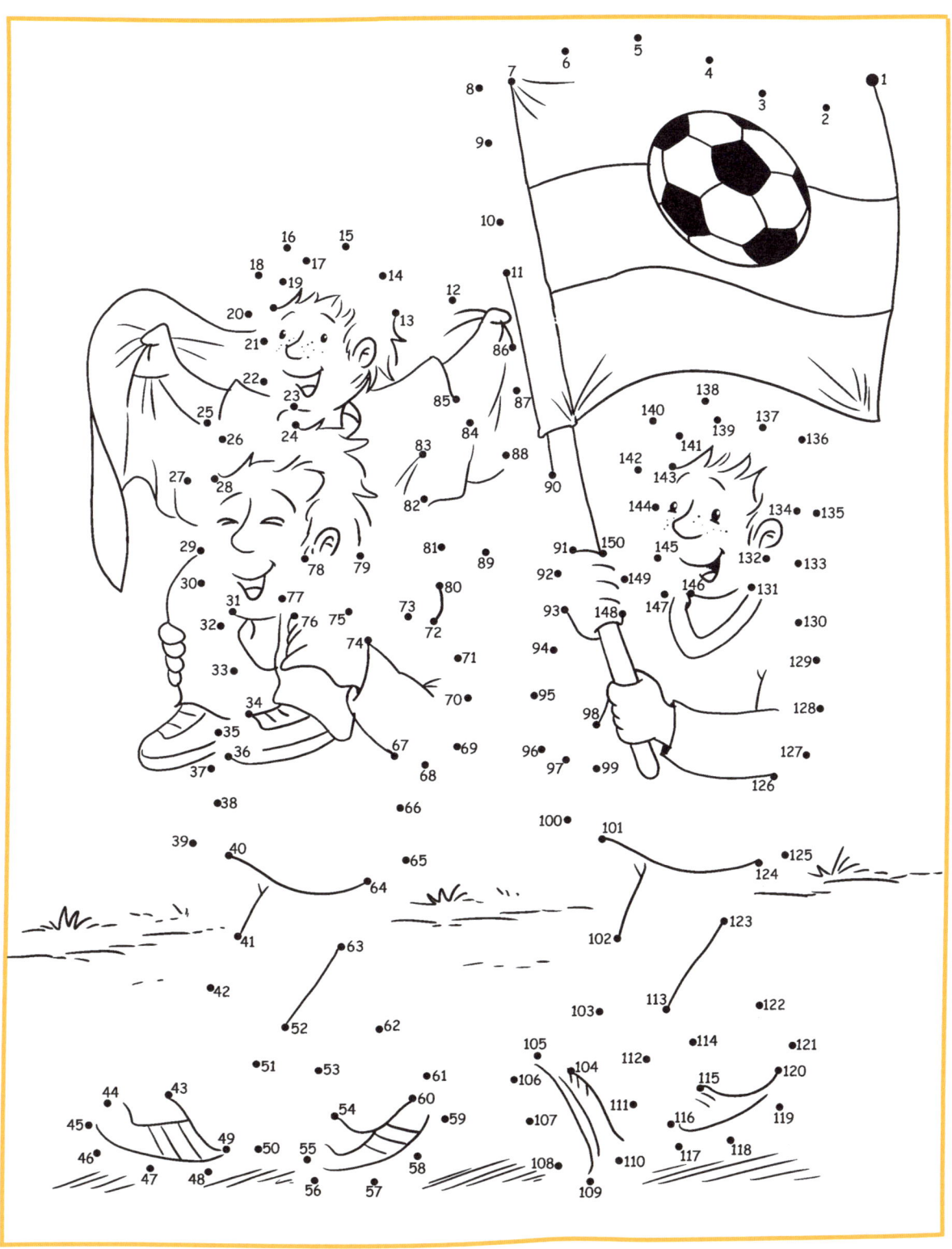

Lösungen

Hier findest du die Lösungen zu den unterschiedlichen Rätseln. Zu den Punkterätseln und Ausmalseiten gibts keine. Die schaffst du spielend auch ohne Lösungen. ☺

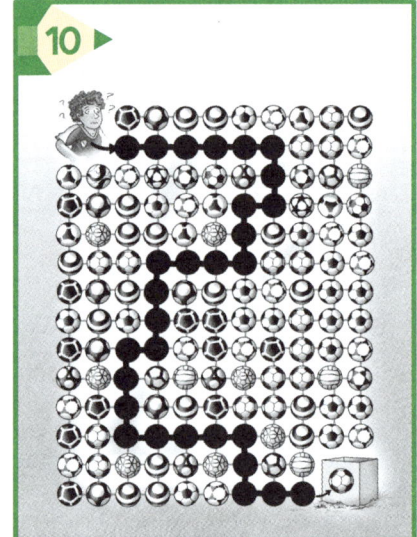

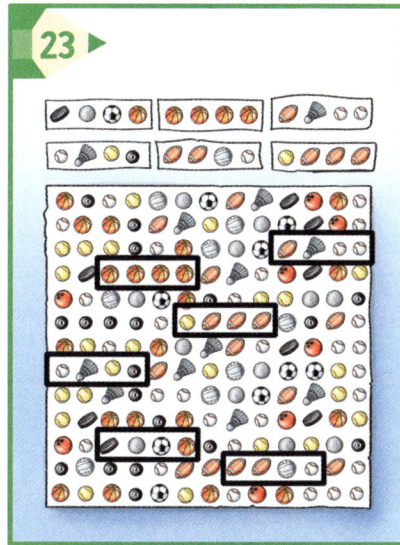

W E L T M E I S T E R

H A L B Z E I T P A U S E

E C K F A H N E